**This Book Belongs To:**

# Table of Contents

| Page # | Recipe Name |
|---|---|
| | |
| | |
| | |
| | |
| | |
| | |
| | |
| | |
| | |
| | |
| | |
| | |
| | |
| | |
| | |
| | |
| | |
| | |

| Page # | Recipe Name |
|---|---|
| | |
| | |
| | |
| | |
| | |
| | |
| | |
| | |
| | |
| | |
| | |
| | |
| | |
| | |
| | |
| | |
| | |
| | |

| Page # | Recipe Name |
| --- | --- |
| | |
| | |
| | |
| | |
| | |
| | |
| | |
| | |
| | |
| | |
| | |
| | |
| | |
| | |
| | |
| | |
| | |
| | |

| Page # | Recipe Name |
| --- | --- |
| | |
| | |
| | |
| | |
| | |
| | |
| | |
| | |
| | |
| | |
| | |
| | |
| | |
| | |
| | |
| | |
| | |
| | |

| Page # | Recipe Name |
|---|---|
| | |
| | |
| | |
| | |
| | |
| | |
| | |
| | |
| | |
| | |
| | |
| | |
| | |
| | |
| | |
| | |
| | |
| | |

**Recipe Name**______________________________________

Servings:__________ Prep Time:_______________ Cook Time:__________

Ingredients:

Directions:

Cannabis Strain: ________________________ Amount:_________________

Notes:______________________________________________________

**Recipe Name**________________________________________

Servings:____________ Prep Time:_________________ Cook Time:____________

Ingredients:

Directions:

Cannabis Strain: ____________________________ Amount:____________________

Notes:______________________________________________________________________________

**Recipe Name**______________________________

Servings:__________ Prep Time:______________ Cook Time:__________

Ingredients:

Directions:

Cannabis Strain: ____________________ Amount:______________

Notes:______________________________________________

**Recipe Name**____________________________________________

Servings:__________ Prep Time:_______________ Cook Time:__________

Ingredients:

Directions:

Cannabis Strain: ________________________ Amount:_________________

Notes:________________________________________________________

**Recipe Name**________________________________________

Servings:__________ Prep Time:_______________ Cook Time:__________

Ingredients:

Directions:

Cannabis Strain: ________________________ Amount:________________

Notes:______________________________________________________

**Recipe Name**________________________________________

Servings:__________ Prep Time:______________ Cook Time:__________

Ingredients:

Directions:

Cannabis Strain: ______________________ Amount:________________

Notes:____________________________________________________

**Recipe Name**______________________________

Servings:__________ Prep Time:______________ Cook Time:__________

Ingredients:

Directions:

Cannabis Strain: ______________________ Amount:________________

Notes:________________________________________________

**Recipe Name**

Servings: Prep Time: Cook Time:

Ingredients:

Directions:

Cannabis Strain: Amount:

Notes:

**Recipe Name**______________________________

Servings:________ Prep Time:__________ Cook Time:________

Ingredients:

Directions:

Cannabis Strain: ______________ Amount:________

Notes:______________________________

**Recipe Name**________________________________________

Servings:__________ Prep Time:_______________ Cook Time:__________

Ingredients:

Directions:

Cannabis Strain: ________________________ Amount:_________________

Notes:______________________________________________________

**Recipe Name**______________________________

Servings:__________ Prep Time:______________ Cook Time:__________

Ingredients:

Directions:

Cannabis Strain: ____________________ Amount:______________

Notes:______________________________

**Recipe Name**____________________________________

Servings:__________ Prep Time:______________ Cook Time:__________

Ingredients:

Directions:

Cannabis Strain: ______________________ Amount:________________

Notes:______________________________________________

**Recipe Name**____________________

Servings:__________ Prep Time:__________ Cook Time:__________

Ingredients:

Directions:

Cannabis Strain: ________________ Amount:__________

Notes:____________________

**Recipe Name**________________________________________

Servings:__________ Prep Time:_______________ Cook Time:__________

Ingredients:

Directions:

Cannabis Strain: ________________________ Amount:_________________

Notes:____________________________________________________

**Recipe Name**________________________________________

Servings:__________ Prep Time:______________ Cook Time:__________

Ingredients:

Directions:

Cannabis Strain: ________________________ Amount:_________________

Notes:________________________________________________________

**Recipe Name**________________________________________

Servings:__________ Prep Time:______________ Cook Time:__________

Ingredients:

Directions:

Cannabis Strain: ______________________ Amount:________________

Notes:____________________________________________________

**Recipe Name**______________________________

Servings:__________ Prep Time:_______________ Cook Time:__________

Ingredients:

Directions:

Cannabis Strain: ______________________ Amount:________________

Notes:______________________________

**Recipe Name**________________________________________

Servings:__________ Prep Time:______________ Cook Time:__________

Ingredients:

Directions:

Cannabis Strain: ______________________ Amount:________________

Notes:__________________________________________________

**Recipe Name**______________________________

Servings:__________ Prep Time:______________ Cook Time:__________

Ingredients:

Directions:

Cannabis Strain: ____________________ Amount:______________

Notes:______________________________

Recipe Name____________________

Servings:__________ Prep Time:__________ Cook Time:__________

Ingredients:

Directions:

Cannabis Strain: __________ Amount:__________

Notes:____________________

Recipe Name________________________________________

Servings:__________ Prep Time:_______________ Cook Time:__________

Ingredients:

Directions:

Cannabis Strain: ________________________ Amount:_________________

Notes:_________________________________________________

**Recipe Name**___________________________________________

Servings:__________ Prep Time:_______________ Cook Time:__________

Ingredients:

Directions:

Cannabis Strain: ________________________ Amount:________________

Notes:___________________________________________

**Recipe Name**____________________

Servings:__________ Prep Time:__________ Cook Time:__________

Ingredients:

Directions:

Cannabis Strain: __________ Amount:__________

Notes:____________________

**Recipe Name**________________________________________

Servings:__________ Prep Time:______________ Cook Time:__________

Ingredients:

Directions:

Cannabis Strain: ______________________ Amount:________________

Notes:________________________________________________

**Recipe Name**________________________________________

Servings:__________ Prep Time:______________ Cook Time:__________

Ingredients:

Directions:

Cannabis Strain: _______________________ Amount:__________________

Notes:________________________________________________________

**Recipe Name**________________________________________

Servings:__________ Prep Time:______________ Cook Time:__________

Ingredients:

Directions:

Cannabis Strain: ______________________ Amount:______________

Notes:__________________________________________________________

**Recipe Name**________________________________________

Servings:__________ Prep Time:_______________ Cook Time:__________

Ingredients:

Directions:

Cannabis Strain: ________________________ Amount:______________

Notes:________________________________________________

**Recipe Name**____________________________________

Servings:__________ Prep Time:______________ Cook Time:__________

Ingredients:

Directions:

Cannabis Strain: ____________________ Amount:______________

Notes:______________________________________________

**Recipe Name**______________________________

Servings:__________ Prep Time:______________ Cook Time:__________

Ingredients:

Directions:

Cannabis Strain: ______________________ Amount:__________

Notes:____________________________________________

**Recipe Name**________________________________________

Servings:__________ Prep Time:______________ Cook Time:__________

Ingredients:

Directions:

Cannabis Strain: ______________________ Amount:________________

Notes:__________________________________________________

**Recipe Name**____________________________

Servings:________ Prep Time:__________ Cook Time:________

Ingredients:

Directions:

Cannabis Strain: ____________ Amount:________

Notes:____________________________

**Recipe Name**____________________________________

Servings:__________ Prep Time:______________ Cook Time:__________

Ingredients:

Directions:

Cannabis Strain: ______________________ Amount:________________

Notes:________________________________________________________

**Recipe Name**________________________________________

Servings:__________ Prep Time:_______________ Cook Time:__________

Ingredients:

Directions:

Cannabis Strain: ________________________ Amount:_________________

Notes:________________________________________________________

**Recipe Name**____________________________________________

Servings:__________ Prep Time:______________ Cook Time:__________

Ingredients:

Directions:

Cannabis Strain: ________________________ Amount:________________

Notes:________________________________________________________

**Recipe Name**______________________________

Servings:__________ Prep Time:______________ Cook Time:__________

Ingredients:

Directions:

Cannabis Strain: ____________________ Amount:______________

Notes:______________________________________________

**Recipe Name**________________________________________

Servings:__________ Prep Time:______________ Cook Time:__________

Ingredients:

Directions:

Cannabis Strain: ______________________ Amount:________________

Notes:________________________________________________________

**Recipe Name**________________________________________

Servings:__________ Prep Time:_______________ Cook Time:__________

Ingredients:

Directions:

Cannabis Strain: ________________________ Amount:_________________

Notes:________________________________________________________

**Recipe Name**________________________________________

Servings:__________ Prep Time:______________ Cook Time:__________

Ingredients:

Directions:

Cannabis Strain: ______________________ Amount:_______________

Notes:____________________________________________________

**Recipe Name**______________________________

Servings:__________ Prep Time:______________ Cook Time:__________

Ingredients:

Directions:

Cannabis Strain: ______________________ Amount:________________

Notes:___________________________________________________

**Recipe Name**________________________________________

Servings:__________ Prep Time:______________ Cook Time:__________

Ingredients:

Directions:

Cannabis Strain: ______________________ Amount:_______________

Notes:____________________________________________________

**Recipe Name**______________________________

Servings:__________ Prep Time:______________ Cook Time:__________

Ingredients:

Directions:

Cannabis Strain: ____________________ Amount:____________

Notes:________________________________________

**Recipe Name**______________________________________________

Servings:__________ Prep Time:______________ Cook Time:__________

Ingredients:

Directions:

Cannabis Strain: ______________________ Amount:________________

Notes:____________________________________________________

**Recipe Name**______________________________

Servings:__________ Prep Time:______________ Cook Time:__________

Ingredients:

Directions:

Cannabis Strain: ______________________ Amount:______________

Notes:______________________________

**Recipe Name**________________________________________

Servings:__________ Prep Time:______________ Cook Time:__________

Ingredients:

Directions:

Cannabis Strain: ______________________ Amount:________________

Notes:________________________________________________

**Recipe Name**____________________________________

Servings:__________ Prep Time:______________ Cook Time:__________

Ingredients:

Directions:

Cannabis Strain: ____________________ Amount:________________

Notes:__________________________________________

**Recipe Name**______________________________

Servings:__________ Prep Time:______________ Cook Time:__________

Ingredients:

Directions:

Cannabis Strain: ______________________ Amount:______________

Notes:______________________________

**Recipe Name**______________________________

Servings:__________ Prep Time:______________ Cook Time:__________

Ingredients:

Directions:

Cannabis Strain: ________________________ Amount:____________

Notes:________________________________________

**Recipe Name**________________________________________

Servings:__________ Prep Time:______________ Cook Time:__________

Ingredients:

Directions:

Cannabis Strain: ____________________ Amount:_______________

Notes:______________________________________________

**Recipe Name**____________________________________________

Servings:__________ Prep Time:______________ Cook Time:__________

Ingredients:

Directions:

Cannabis Strain: ______________________ Amount:________________

Notes:__________________________________________________

**Recipe Name**________________________________

Servings:__________ Prep Time:______________ Cook Time:__________

Ingredients:

Directions:

Cannabis Strain: ______________________ Amount:________________

Notes:____________________________________________

**Recipe Name**________________________________________

Servings:__________ Prep Time:_______________ Cook Time:__________

Ingredients:

Directions:

Cannabis Strain: ________________________ Amount:__________________

Notes:__________________________________________________

**Recipe Name**____________________________________

Servings:__________ Prep Time:______________ Cook Time:__________

Ingredients:

Directions:

Cannabis Strain: ____________________ Amount:______________

Notes:____________________________________________

**Recipe Name**____________________

Servings:________ Prep Time:________ Cook Time:________

Ingredients:

Directions:

Cannabis Strain: ________ Amount:________

Notes:____________________

**Recipe Name**________________________________________

Servings:__________ Prep Time:_______________ Cook Time:__________

Ingredients:

Directions:

Cannabis Strain: ________________________ Amount:_________________

Notes:________________________________________________________

**Recipe Name**______________________________

Servings:__________ Prep Time:_______________ Cook Time:__________

Ingredients:

Directions:

Cannabis Strain: ________________________ Amount:_________________

Notes:______________________________________________

**Recipe Name**__________________________________

Servings:__________ Prep Time:_______________ Cook Time:__________

Ingredients:

Directions:

Cannabis Strain: ________________________ Amount:________________

Notes:________________________________________________________

**Recipe Name**____________________________________

Servings:__________ Prep Time:______________ Cook Time:__________

Ingredients:

Directions:

Cannabis Strain: ____________________ Amount:____________

Notes:____________________________________

**Recipe Name**____________________

Servings:__________ Prep Time:__________ Cook Time:__________

Ingredients:

Directions:

Cannabis Strain: __________ Amount:__________

Notes:____________________

**Recipe Name**________________________________________

Servings:__________ Prep Time:_______________ Cook Time:__________

Ingredients:

Directions:

Cannabis Strain: ________________________ Amount:__________________

Notes:__________________________________________________

**Recipe Name**________________________

Servings:__________ Prep Time:______________ Cook Time:__________

Ingredients:

Directions:

Cannabis Strain: ____________________ Amount:______________

Notes:____________________________________

**Recipe Name**____________________

Servings:________ Prep Time:________ Cook Time:________

Ingredients:

Directions:

Cannabis Strain: ________ Amount:________

Notes:____________________

**Recipe Name**______________________________

Servings:__________ Prep Time:______________ Cook Time:__________

Ingredients:

Directions:

Cannabis Strain: ____________________ Amount:______________

Notes:________________________________________________

**Recipe Name**________________________________________

Servings:__________ Prep Time:_______________ Cook Time:__________

Ingredients:

Directions:

Cannabis Strain: ________________________ Amount:________________

Notes:________________________________________________________

Recipe Name______________________________

Servings:__________ Prep Time:______________ Cook Time:__________

Ingredients:

Directions:

Cannabis Strain: ____________________ Amount:______________

Notes:____________________________________

**Recipe Name**________________________________________

Servings:__________ Prep Time:______________ Cook Time:__________

Ingredients:

Directions:

Cannabis Strain: ______________________ Amount:________________

Notes:__________________________________________________

**Recipe Name**________________________________________

Servings:__________ Prep Time:_______________ Cook Time:__________

Ingredients:

Directions:

Cannabis Strain: ________________________ Amount:_________________

Notes:______________________________________________________

**Recipe Name**______________________________

Servings:__________ Prep Time:______________ Cook Time:__________

Ingredients:

Directions:

Cannabis Strain: ______________________ Amount:______________

Notes:______________________________

**Recipe Name**______________________________________

Servings:__________ Prep Time:______________ Cook Time:__________

Ingredients:

Directions:

Cannabis Strain: _______________________ Amount:________________

Notes:______________________________________________________

**Recipe Name**________________________________________

Servings:__________ Prep Time:_______________ Cook Time:__________

Ingredients:

Directions:

Cannabis Strain: ______________________ Amount:_________________

Notes:____________________________________________________________

**Recipe Name**________________________________________

Servings:__________ Prep Time:______________ Cook Time:__________

Ingredients:

Directions:

Cannabis Strain: ________________________ Amount:________________

Notes:________________________________________________________

**Recipe Name**________________________________________

Servings:__________ Prep Time:_______________ Cook Time:__________

Ingredients:

Directions:

Cannabis Strain: ________________________ Amount:_________________

Notes:________________________________________________________

**Recipe Name**________________________________________

Servings:__________ Prep Time:______________ Cook Time:__________

Ingredients:

Directions:

Cannabis Strain: ______________________ Amount:________________

Notes:____________________________________________________________

**Recipe Name**________________________________________

Servings:__________ Prep Time:_______________ Cook Time:__________

Ingredients:

Directions:

Cannabis Strain: ________________________ Amount:_________________

Notes:________________________________________________________

**Recipe Name**______________________________

Servings:__________ Prep Time:______________ Cook Time:__________

Ingredients:

Directions:

Cannabis Strain: ____________________ Amount:______________

Notes:______________________________

**Recipe Name**

Servings: Prep Time: Cook Time:

Ingredients:

Directions:

Cannabis Strain: Amount:

Notes:

**Recipe Name**____________________

Servings:________ Prep Time:________ Cook Time:________

Ingredients:

Directions:

Cannabis Strain: ________ Amount:________

Notes:____________________

**Recipe Name**____________________________

Servings:__________ Prep Time:______________ Cook Time:__________

Ingredients:

Directions:

Cannabis Strain: ____________________ Amount:________________

Notes:____________________________________

**Recipe Name** ______________________________

Servings: __________ Prep Time: _______________ Cook Time: __________

Ingredients:

Directions:

Cannabis Strain: ________________________ Amount: ________________

Notes: ______________________________________________________

**Recipe Name**______________________________

Servings:__________ Prep Time:______________ Cook Time:__________

Ingredients:

Directions:

Cannabis Strain: ______________________ Amount:______________

Notes:______________________________

Recipe Name__________

Servings:__________ Prep Time:__________ Cook Time:__________

Ingredients:

Directions:

Cannabis Strain: __________ Amount:__________

Notes:__________

**Recipe Name**____________________________________

Servings:__________ Prep Time:______________ Cook Time:__________

Ingredients:

Directions:

Cannabis Strain: ____________________ Amount:______________

Notes:____________________________________

**Recipe Name**________________________________________

Servings:__________ Prep Time:_______________ Cook Time:__________

Ingredients:

Directions:

Cannabis Strain: ________________________ Amount:_________________

Notes:______________________________________________________

**Recipe Name**________________________________________

Servings:__________ Prep Time:_______________ Cook Time:__________

Ingredients:

Directions:

Cannabis Strain: ________________________ Amount:__________________

Notes:________________________________________________________

Recipe Name__________

Servings:__________ Prep Time:__________ Cook Time:__________

Ingredients:

Directions:

Cannabis Strain: __________ Amount:__________

Notes:__________

**Recipe Name**

Servings: Prep Time: Cook Time:

Ingredients:

Directions:

Cannabis Strain: Amount:

Notes:

**Recipe Name**________________________________

Servings:__________ Prep Time:______________ Cook Time:__________

Ingredients:

Directions:

Cannabis Strain: ____________________ Amount:______________

Notes:______________________________________

**Recipe Name**________________________________________

Servings:__________ Prep Time:_______________ Cook Time:__________

Ingredients:

Directions:

Cannabis Strain: ________________________ Amount:_________________

Notes:______________________________________________________________

**Recipe Name**____________________________________

Servings:__________ Prep Time:______________ Cook Time:__________

Ingredients:

Directions:

Cannabis Strain: ______________________ Amount:________________

Notes:__________________________________________________

**Recipe Name**____________________________________

Servings:__________ Prep Time:______________ Cook Time:__________

Ingredients:

Directions:

Cannabis Strain: ______________________ Amount:________________

Notes:____________________________________________

**Recipe Name**________________________________________

Servings:__________ Prep Time:______________ Cook Time:__________

Ingredients:

Directions:

Cannabis Strain: ________________________ Amount:_________________

Notes:__________________________________________________

**Recipe Name**________________________________________

Servings:__________ Prep Time:_______________ Cook Time:__________

Ingredients:

Directions:

Cannabis Strain: ________________________ Amount:_____________

Notes:____________________________________________________

**Recipe Name**____________________________________

Servings:__________ Prep Time:______________ Cook Time:__________

Ingredients:

Directions:

Cannabis Strain: ______________________ Amount:________________

Notes:__________________________________________________

**Recipe Name**________________________________

Servings:__________ Prep Time:______________ Cook Time:__________

Ingredients:

Directions:

Cannabis Strain: ____________________ Amount:______________

Notes:________________________________________

**Recipe Name**____________________________________

Servings:__________ Prep Time:______________ Cook Time:__________

Ingredients:

Directions:

Cannabis Strain: ____________________ Amount:_______________

Notes:________________________________________

**Recipe Name**______________________________

Servings:__________ Prep Time:______________ Cook Time:__________

Ingredients:

Directions:

Cannabis Strain: ______________________ Amount:________________

Notes:________________________________________________

**Recipe Name**________________________________________

Servings:__________ Prep Time:______________ Cook Time:__________

Ingredients:

Directions:

Cannabis Strain: ____________________ Amount:_______________

Notes:__________________________________________________

**Recipe Name**________________________________________

Servings:__________ Prep Time:_______________ Cook Time:__________

Ingredients:

Directions:

Cannabis Strain: ________________________ Amount:_________________

Notes:________________________________________________________

Recipe Name ______________________________

Servings: __________ Prep Time: ______________ Cook Time: __________

Ingredients:

Directions:

Cannabis Strain: ______________________ Amount: ______________

Notes: ______________________________

**Recipe Name**________________________________

Servings:________ Prep Time:__________ Cook Time:________

Ingredients:

Directions:

Cannabis Strain: ________________ Amount:________

Notes:________________________________

**Recipe Name**________________________________________

Servings:__________ Prep Time:______________ Cook Time:__________

Ingredients:

Directions:

Cannabis Strain: _______________________ Amount:________________

Notes:____________________________________________________

**Recipe Name**____________________

Servings:________ Prep Time:________ Cook Time:________

Ingredients:

Directions:

Cannabis Strain: ________ Amount:________

Notes:____________________

**Recipe Name**________________________________________

Servings:__________ Prep Time:______________ Cook Time:__________

Ingredients:

Directions:

Cannabis Strain: ______________________ Amount:________________

Notes:____________________________________________________

**Recipe Name**________________________________________

Servings:__________ Prep Time:_______________ Cook Time:__________

Ingredients:

Directions:

Cannabis Strain: _______________________ Amount:________________

Notes:________________________________________________________

**Recipe Name**______________________________

Servings:________ Prep Time:__________ Cook Time:________

Ingredients:

Directions:

Cannabis Strain: ________________ Amount:__________

Notes:______________________________

**Recipe Name**________________________________________

Servings:__________ Prep Time:_______________ Cook Time:__________

Ingredients:

Directions:

Cannabis Strain: ______________________ Amount:________________

Notes:__________________________________________________

**Recipe Name**________________________________________

Servings:__________ Prep Time:______________ Cook Time:__________

Ingredients:

Directions:

Cannabis Strain: ________________________ Amount:________________

Notes:__________________________________________________

**Recipe Name**________________________________________

Servings:__________ Prep Time:_______________ Cook Time:__________

Ingredients:

Directions:

Cannabis Strain: _________________________ Amount:__________________

Notes:____________________________________________________________

Made in the USA
Columbia, SC
21 January 2020

86990474R00063